W9-BQS-284

SJ B CHAVEZ CESAR
Davis, Lucile.
Cesar Chavez : una
biografia ilustrada con
DINU

C1 JUN 2001

TULARE COUNTY LIBRARY

César Chávez

Una biografía ilustrada con fotografías

Texto: Lucile Davis
Traducción: Dr. Martín Luis Guzmán Ferrer
Revisión de la traducción: María Rebeca Cartes

Consultora de la traducción:
Dra. Isabel Schon, Directora
Centro para el Estudio de Libros
Infantiles y Juveniles en Español
California State University-San Marcos

Bridgestone Books
an imprint of Capstone Press
Mankato, Minnesota

TULARE COUNTY LIBRARY

MAR 2 0 2001

Datos breves sobre César Chávez
- César Chávez fue trabajador agrícola desde los 4 hasta los 35 años.
- Él creía en la no violencia para resolver los problemas.
- Funda el primer sindicato de trabajadores agrícolas en los Estados Unidos.
- Se le otorga la Medalla Presidencial de la Libertad.

Bridgestone Books are published by Capstone Press
818 North Willow Street, Mankato, Minnesota 56001 • http://www. capstone-press.com
Copyright © 1999 by Capstone Press. All rights reserved. No part of this book may be reproduced without written permission from the publisher. The publisher takes no responsibility for the use of any of the materials or methods described in this book, nor for the products thereof. Printed in the United States of America.

Library of Congress Cataloging-in-Publication Data
Davis, Lucile.
   [Cesar Chavez, a photo-illustrated biography. Spanish]
   César Chávez, una biografía ilustrada con fotografías/de Lucile Davis; traducción de Martín Luis Guzmán Ferrer; revisión de traducción de María Rebeca Cartes.
   p. cm.—(Leer y descubrir. Biografías ilustradas con fotografías)
   Includes bibliographical references and index.
   Summary: Simple Spanish text presents the life story of the Mexican American labor leader who achieved justice for migrant farm workers by creating a union to protect their rights.
   ISBN 1-56065-808-8
   1. Chavez, Cesar, 1927- —Juvenile literature. 2. United Farm Workers—History—Juvenile literature. 3. National Farm Workers Association—History—Juvenile literature. 4. Labor leaders—United States—Biography—Juvenile literature. 5. Mexican American migrant agricultural laborers—Biography—Juvenile literature. 6. Trade-unions—Migrant agricultural laborers—United States—History—Juvenile literature. 7. Mexican Americans—Biography—Juvenile literature. [1. Chavez, Cesar, 1927- . 2. United Farm Workers—History. 3. Labor leaders. 4. Mexican Americans—Biography. 5. Spanish language materials.] I. Title. II. Series.
HD6509.C48D3818   1999
331.88'13'092—dc21
[b]

98-23146
CIP
AC

Editorial Credits
Martha E. Hillman, translation project manager; Timothy Halldin, cover designer;
Michelle L. Norstad, photo researcher
Consultants
Helen Chavez, President, and Monica Parra, Administrator, Cesar E. Chavez Foundation
Photo Credits
Archive Photos, cover. Archives of Labor and Urban Affairs, Wayne State University, 6, 8, 10, 12, 16, 18.
Corbis-Bettman, 4, 14, 20.
The quotes on page 22 are courtesy of the Cesar E. Chavez Foundation.

Contenido

Líder sindical. 5

Infancia. 7

Trabajador agrícola en California. 9

Escuela y marina 11

Su ayuda a los trabajadores agrícolas 13

Organización del sindicato. 15

Huelga y boicot 17

La victoria 19

Su trabajo continúa 21

Palabras de César Chávez 22

Fechas importantes en la vida de César Chávez 23

Conoce las palabras. 23

Más lecturas. 24

Direcciones útiles y páginas de Internet 24

Índice 24

Líder sindical

César Chávez pasó su vida tratando de ayudar a los trabajadores agrícolas. Él sabía que sus vidas eran muy duras. También él había trabajado en el campo. César inició un sindicato llamado Trabajadores Agrícolas Unidos. Un sindicato busca que se trate con justicia y se pague mejor a los trabajadores.

César recorrió toda California para conocer los problemas de los trabajadores agrícolas. Los trabajadores escuchaban con atención cuando César les hablaba de un sindicato.

César logró que se pusiera atención en los problemas de los trabajadores agrícolas. Él no creía en usar la violencia. Violencia significa usar la fuerza. Por el contrario, él encabezó marchas y huelgas. Hay huelga cuando un grupo deja de trabajar hasta que se cambian las condiciones de trabajo. César encabezó boicots contra las empresas que trataban mal a sus trabajadores. Hay boicot cuando la gente deja de comprar los productos de ciertas empresas.

César encabeza huelgas para que se ponga atención en los problemas de los trabajadores agrícolas.

Infancia

César Chávez nació el 31 de marzo de 1927 en Arizona. Le pusieron el nombre de su abuelo, Cesario. Cesario era campesino en México. Lo trataban muy mal. Cesario escapó a Arizona con su familia en 1888.

Los padres de César eran propietarios de una granja en Arizona. Su padre se llamaba Librado. Librado también tenía una tienda de abarrotes. La madre de César se llamaba Juana. Ella se dedicaba a cuidar a la familia.

Juana daba muy buenos consejos. Les enseñó a sus hijos a no pelear. Librado le enseño a César lecciones muy útiles. Librado decía que la gente debía defenderse a sí misma y a los demás.

César iba al colegio. Pero no le gustaba mucho. César y sus hermanos y hermanas ayudaban en el trabajo de la granja.

A César le ponen el nombre de su abuelo, Cesario.

Trabajador agrícola en California

La familia de César perdió su granja y su tienda en 1937. Esto fue durante la Gran Depresión (1929-1939). La depresión fue un tiempo muy difícil, cuando mucha gente era pobre. Miles de personas se quedaron sin trabajo.

La familia Chávez se mudó a California en busca de trabajo en las granjas. A los trabajadores agrícolas se les pagaba muy poco. Tenían que vivir en chozas de un sólo cuarto. Todos en la familia tenían que trabajar jornadas muy largas.

Su familia iba de una granja a otra. Se trasladaban cuando se recogía la cosecha. La familia Chávez tenía muy poco dinero.

Los hermanos Chávez iban al colegio cuando podían. Ellos trataban de ayudar a su familia. Los niños pescaban o cazaban para encontrar comida. Las niñas recogían plantas silvestres para comer.

La familia de César pierde su granja durante la Gran Depresión.

Escuela y marina

En 1939, la familia Chávez se instaló en Sal Si Puedes, California. Este nombre forma un juego de palabras divertido. Juana y Librado trabajaban en lo que podían. Los niños iban a la escuela.

En esas fechas, Librado sufrió un accidente de coche. César tuvo que dejar la escuela para ayudar a su familia. Sólo terminó hasta el octavo año. A partir de entonces trabajaba todo el día.

César empezó a salir con Helen Fabela cuando tenía 15 años. Fueron novios durante dos años. Luego, en 1944, César se enlistó en la Marina de los Estados Unidos. Él trabajaba en un barco.

César regresó a su casa cuando terminó su servicio naval. Él y Helen se casaron en 1948 y tuvieron ocho hijos.

César se casa con Helen Fabela en 1948.

Su ayuda a los trabajadores agrícolas

César regresó a trabajar en el campo. Las condiciones de los trabajadores agrícolas todavía eran muy malas. César quería cambiar las cosas.

Él empezó a leer muchos libros. Aprendió como los líderes pueden lograr una vida mejor para los demás. En 1952, César empezó a trabajar en la Organización de Servicios a la Comunidad. Este grupo ayudaba a los mexico-americanos de California. César ayudó a que la gente se registrara para votar. Él les enseñaba sus derechos.

En Oxnard, California, los trabajadores le contaban a César que no podían conseguir trabajo. Los dueños de las granjas sólo contrataban a trabajadores de México. Esto era contra la ley. César obligó al gobierno a estudiar el problema. Finalmente, los dueños aceptaron contratar a trabajadores de la localidad. César había logrado el cambio.

César empieza a trabajar en la Organización de Servicios a la Comunidad en 1952.

Organización del sindicato

César pensaba que los trabajadores agrícolas necesitaban un sindicato. Otros tipos de trabajadores tenían sindicatos. Los trabajadores de un sindicato se unen para defender sus derechos. Los trabajadores agrícolas podrían, entonces, declararse en huelga si los dueños de las granjas rehusaban cambiar las condiciones de trabajo. César decidió empezar un sindicato. Para ello dejó su trabajo.

César habló con muchos trabajadores agrícolas sobre su sindicato. En 1962, César celebró la primera reunión de la Asociación Nacional de Trabajadores Agrícolas. Más tarde le cambiaron el nombre al de Trabajadores Agrícolas Unidos. Este fue el primer sindicato de trabajadores agrícolas en los Estados Unidos.

El lema del sindicato era Viva La Causa. Causa quiere decir el ideal de un grupo de gente.

César funda el sindicato para ayudar a los trabajadores agrícolas a recibir un mejor trato y mayor salario.

Huelga y boicot

Los dueños de las granjas en California trataban muy mal a los recolectores de uvas. En 1965, los dueños de las granjas redujeron el salario de sus trabajadores. Entonces César encabeza la primera huelga del sindicato. Los recolectores de uvas se fueron a la huelga con el sindicato de César.

Los dueños de las granjas se enojaron mucho. Las cosechas se pudrieron en los campos. Los dueños perdieron dinero. En ocasiones los dueños mandaban a hombres a golpear a los trabajadores agrícolas. César les aconsejaba a los trabajadores quedarse en paz.

César quería que la gente se enterara qué mal eran tratados los recolectores de uvas. Así empezó un boicot. César le pidió a todo mundo que dejara de comprar uvas. El sindicato de camioneros dejó de transportar uvas en sus camiones. Otro sindicato rehusó descargar uvas de los barcos.

César inicia huelgas y boicots para ayudar a los recolectores de uvas. Le pide a todo mundo que deje de comprar uvas.

La victoria

El boicot y la huelga sirvieron. Las condiciones de los trabajadores agrícolas mejoraron un poco. Pero César quería que más gente conociera los problemas de los trabajadores.

En 1966, César encabezó una marcha a Sacramento, California. La marcha captó la atención del gobierno y del público. Era una manera pacífica de pedir un cambio.

La huelga de recolectores de uvas duró años. César se declaró en huelga de hambre en 1968. Una huelga de hambre es cuando una persona deja de comer por un tiempo. César no comió durante 25 días. Estuvo en huelga de hambre para enseñar a los trabajadores a ser fuertes y a portarse pacíficamente.

Tardó cinco años, pero finalmente César y los trabajadores ganaron. Los dueños de las granjas de uvas subieron los salarios de los trabajadores y aceptaron crear mejores condiciones de trabajo.

César encabeza una marcha pacífica a Sacramento, California. La marcha pone la atención en los problemas de los trabajadores agrícolas.

Su trabajo continúa

César sabía que muchos trabajadores agrícolas todavía necesitaban ayuda. Por lo tanto, encabeza más marchas y boicots.

César quería detener el uso de los pesticidas. Los pesticidas son productos químicos empleados para proteger a los cultivos. Algunos pesticidas causan enfermedades a los trabajadores. En 1988, César se declara otra vez en huelga de hambre para llamar la atención sobre este problema. Esta huelga de hambre dura 36 días.

César trabajó para el sindicato el resto de su vida. Murió el 23 de abril de 1993, en Arizona. En 1994, se le otorga a César la Medalla Presidencial de la Libertad. Esta medalla honra a quienes ayudan a los demás. La esposa de César, Helen, aceptó la medalla en su nombre.

La vida de César se convirtió en un ejemplo de cómo ayudar a los demás. Hoy otras personas continúan con el trabajo que César inició.

César busca detener el uso de los pesticidas. Los pesticidas causan enfermedades a los trabajadores agrícolas.

Palabras de César Chávez

"Ayudar a los demás no es suficiente. Tienes que ser un servidor de la gente."

Del Discurso de Compromiso de César Chávez.

"La finalidad de toda educación ciertamente debe ser el servicio al prójimo. Los estudiantes deben tener iniciativa, no deben ser meros imitadores de otros. Deben aprender a pensar y a actuar por sí mismos y a ser libres."

De Cochelle—"Dedicación del corazón."

"Nuestras vidas son realmente lo único que nos pertenece. De ahí que como empleamos nuestras vidas determine la clase de hombres que somos."

Del discurso de César Chávez al término de su huelga de hambre en 1968.

Fechas importantes en la vida de César Chávez

1927—Nace el 31 de marzo en Arizona

1937—La familia pierde su granja y su tienda y se traslada a California

1942—Termina el octavo grado

1944—Entra a la Marina de los EEUU

1948—Contrae matrimonio con Helen Fabela

1962—Inicia la Asociación Nacional de Trabajadores Agrícolas

1965—Inicia la huelga de recolectores de uvas

1966—Encabeza el boicot nacional de uvas; encabeza marcha
a Sacramento

1968—Inicia su primera huelga de hambre

1970—Los dueños de las granjas de uvas ceden frente al sindicato

1993—Muere el 23 de abril en Arizona

1994—Recibe la Medalla Presidencial de la Libertad

Conoce las palabras

boicot—rehusar comprar cualquier cosa de una empresa

huelga—cuando un grupo de trabajadores deja de trabajar hasta que las condiciones cambian.

La Gran Depresión—período de tiempos difíciles de 1929 a 1939 en los Estados Unidos cuando mucha gente pierde su empleo

pesticida—producto químico empleado para proteger a los cultivos

sindicato—grupo de trabajadores que se une para lograr un trato justo y mayores salarios

violencia—el uso de la fuerza

Más lecturas

Collins, David. *Farmworker's Friend: The Story of Cesar Chavez.*
Minneapolis: Carolrhoda, 1996.
Sánchez de Morris, Clara. *César Chávez, líder laboral.* Notas biográficas.
Cleveland, Ohio: Modern Curriculum Press, 1994.

Direcciones útiles y páginas de Internet

Cesar E. Chavez Collection
Michigan State University
100 Library
East Lansing, MI 48824-1048

Cesar E. Chavez Foundation
Post Office Box 62
Keene, CA 93531

Cesar Chavez Farm Workers' Rights
http://www.adventure.com/library/encyclopedia/america/chavez.html
Cesar E. Chavez Homepage
http://thecity.sfsu.edu/~ccipp/cecresources.html
Chicano! Biographies: César Chávez
http://www.pbs.org/chicano/bios/chavez.html

Índice

Asociación Nacional de
   Trabajadores Agrícolas, 15
boicot, 5, 17, 19, 21
Gran Depresión, La, 9
huelga, 5, 15, 17, 19, 21
huelga de hambre, 19, 21
marcha, 5, 19, 21

Medalla Presidencial de la
   Libertad, 21
Organización de Servicios a la
   Comunidad, 13
sindicato, 5, 15, 17, 21
Trabajadores Agrícolas Unidos,
   5, 15